LE MIEUX VIVRE PAR LA PHILOSOPHIE

JE PENSE DONC J'AGIS

Par Jean-Luc GUINOT

« *Je dédie ce livre sans pitié à ceux qui souffrent, aux pauvres, aux aliénés, aux prisonniers, aux drogués, aux contestataires, à tous ceux qui ne se sentent pas tellement bien dans leur peau. Mais je le dédie aussi aux nantis, aux honnêtes gens, aux flics, aux candidats à la présidence, aux notables, à tous ceux qui sont sûrs de détenir la vérité, quelle qu'elle soit, de droite ou de gauche, en espérant qu'ils y découvriront au moins les germes de l'incertitude, sœur de l'angoisse, et mère de la créativité.* »

Henri LABORIT – La nouvelle grille.

Introduction

Nous vivons dans un monde d'une violence incroyable, « voila une affirmation qui n'a rien d'originale » me direz-vous. Nous sommes en effet chaque jour abreuvés par les journaux et la télévision de faits violents plus abominables les uns que les autres.

Pourtant je ne vais pas parler ici de la violence que l'on dit « ordinaire » c'est-à-dire celle qui oppose physiquement et verbalement des individus entre eux, cette violence là ne m'intéresse pas pour le présent ouvrage. Je veux vous parler de cette agression d'une violence inouïe et sournoise qui pousse au suicide ou au meurtre l'adolescent ou le père de famille, qui provoque un ulcère à l'estomac, une maladie cardiaque, un cancer du sein ou des coliques néphrétiques. Je veux vous parler de l'agression psychosociale qui épuise et anéantit notre espèce, parler ici du stress et dans une autre mesure de l'inhibition de l'action.

Lutter contre le syndrome de la reine rouge.

Dans l'œuvre de Lewis CARROLL, « ALICE AUX PAYS DES MERVEILLES », la Reine rouge ordonne à Alice de courir...
Elles courent ensemble, mais le paysage ne bouge pas. Alice demande alors à la Reine Rouge : "Nous courons, mais le Paysage ne bouge pas ?"

La Reine Rouge répondit alors : " Nous courons pour rester à la même place."

Moralité, rien que pour rester là où on est, il faut déjà courir et si, en plus, on veut avancer, alors il faut courir deux fois plus vite.

Dans cette optique, si faire des efforts pour maintenir sa position sociale, son style et sa qualité de vie est normal et si comme nous pouvons le penser nos capacités psychiques se sont adaptées à cet environnement, une question se pose alors ; pourquoi en faire plus et surtout pour qui ? Le fameux stress n'est t'il pas finalement un épuisement psychique à toujours faire plus.

Cette zone rouge constituée par le « plus » est pour certain d'entre nous la normalité, ils

n'imaginent pas pouvoir revenir faire du
« surplace », bouger, agir, seulement pour vivre
une vie paisible et profiter des bienfaits de la vie
sur cette terre.

Tout comme un moteur de voiture ne peut tourner
en « surrégime » sous peine de « casser », le
psychisme d'un humain ne peut résister à une
surexcitation prolongée et le phénomène s'aggrave
encore lorsque la situation conduit à l'inhibition de
l'action.

L'inhibition de l'action.

Fin des années 1970, le professeur Henri
LABORIT, chirurgien, biologiste de
renommée mondiale, inventeur des
neuroleptiques, fit une découverte
d'importance alors qu'il continue ses
expérimentations sur le choc et le stress. En
observant des mammifères, il remarque que
lorsque ceux-ci sont dans une situation
désagréable où ni la fuite, ni la lutte ne sont
possibles ils disposent d'une attitude naturelle
de défense, consistant à s'immobiliser afin de
tromper un éventuel prédateur en se
confondant avec l'environnement. C'est le cas
par exemple du mulot en plein champs, qui
veut échapper à un rapace.

LABORIT, constate également que les
mammifères exposés trop souvent à ce type de

défense, développent des maladies que l'on ne croyait réservées qu'aux humains.

« On a coutume de réunir, sous le terme de maladies psychosomatiques, certaines affections dont les plus connues sont l'asthme, l'hypertension artérielle, l'infarctus du myocarde, certaines dermatoses, l'ulcère d'estomac, l'arthrite rhumatoïde et la colite ulcéreuse. Et puis on ajoute à cette liste le diabète, l'anorexie nerveuse, l'obésité, la thrombose, le torticolis et la crampe des écrivains et cela sans définition bien précise. Cependant, ce qui est sûr, c'est que toutes ces maladies mettent en jeu le système inhibiteur de l'action ».

LABORIT, étudie alors les voies nerveuses responsables et met en évidence un faisceau nerveux qu'il nommera S.I.A ou Système Inhibiteur de l'Action.

Nous distinguons deux types d'inhibitions de l'action.

1) Le système d'inhibition de l'action biologique, issue de l'évolution des espèces et visant à empêcher toute action inutile qui pourrait aggraver une

situation, par exemple, le cas d'un rongeur en plein champ menacé par un rapace. Le S.I.A biologique entraîne un état de peur, stupeur et de prostration, devant un danger d'une extrême violence à venir ou en cours.

2) Le système d'inhibition de l'action (S.I.A) socioculturel, celui-ci est activé, lorsque notre nature, s'oppose à notre culture.

Globalement, devant un danger ou une situation désagréable, l'homme est programmé naturellement, déjà pour fuir et ensuite, mais ensuite seulement, pour lutter. Lorsque la fuite ou la lutte s'avère positive le problème ne se pose pas, mais lorsque ni l'une, ni l'autre, ne sont possibles, alors se déclenche le S.I.A. (Système inhibiteur de l'action).

En général, le S.I.A s'active lorsque notre nature (fuite ou lutte) s'oppose à notre culture (règles de vie, socio culture, lois..). Lors de l'apparition répétée du S.I.A, le corps produit des glucocorticoïdes (cortisone) qui vont affaiblir ou détruire le système immunitaire à long terme, permettant ainsi, à bon nombre de maladies de se développer. Et LABORIT d'ajouter :

« Il paraît évident que pour faire une infection ou une tumeur cancéreuse, il ne suffit pas d'un contact avec un microbe ou un virus, ou un irritant local subi de manière intense. On a trop focalisé sur le microbe, sur le virus ou le toxique cancérigène et pas assez sur le sujet, son histoire passée et présente, ses rapports avec son environnement (familial, professionnel). Les toxiques eux-mêmes doivent sans doute présenter une toxicité variable suivant le contexte et le statut social de l'individu qu'ils atteignent ».

Le syndrome général d'adaptation (ou stress).

À bien des égards, l'inhibition de l'action s'apparente au stress, les mécanismes sont parfaitement identiques et nous verrons que le Syndrome Général d'adaptation développé par le chercheur canadien Hans SELYE[1] complète le Système Inhibiteur de l'action de LABORIT. Le mot » stress » est apparu dans les années 1940, pour la première fois dans l'industrie, plus particulièrement en mécanique et en physique pour indiquer les tensions sur les éléments. Fin des années 1930, Hans

---

1) Né le 16 janvier 1907 décédé le 16 octobre 1982, docteur en médecine, il est inventeur de la théorie du stress.

SELYE l'utilise en médecine et lui donne la connotation populaire que nous lui connaissons actuellement. Celui-ci considère le stress comme étant une réaction de l'organisme, à toute demande qui lui est adressée, il considère le stress comme pouvant être positive ou négative et présente le S.G.A comme étant l'ensemble des réactions de défense de l'organisme propre à chaque individu.

Trois grandes phases composent le Syndrome Général d'adaptation (S.G.A) :

La phase ou réaction d'alarme : phase d'alerte aiguë instantanée, en réponse à une agression, l'organisme va tout faire pour s'adapter à la situation. Si l'agression ne conduit pas à la mort de l'agressé, celui-ci va mettre en route des moyens de défenses actifs. Après une baisse de résistance de l'organisme, de quelques secondes dues à la surprise de l'agression, la réponse neurovégétative, par activation du système nerveux sympathique ou orthosympathique est activée, l'adrénaline et la noradrénaline sont sécrétées, l'organisme est prêt à la fuite ou à la lutte.

La phase ou réaction de résistance : mise en action des mécanismes de défenses physiques, physiologiques et psychologiques de l'organisme, à ce stade, le « coping » c'est-à-dire la capacité à faire face va prendre toute son importance. Le « coping » va varier d'un individu à l'autre, en fonction de la personnalité de l'agressé, de son expérience de la situation vécue, de sa capacité physique et mentale à faire face et bien entendu, de l'intensité de l'agression, à ce stade la fuite où la lutte est engagée, l'action libératrice est enclenchée.

La phase ou la réaction d'épuisement : devant une situation stressante qui va durer dans le temps, le S.I.A (système d'inhibition de l'action (SIA) va entrer en action déclenchant le processus d'affaiblissement du système immunitaire, avec les conséquences déjà relatées (ulcère de l'estomac, problèmes cardiaques, cancers, dépression...).

Le coping et les stratégies d'actions.

Le « Coping » est la capacité à faire face pour résoudre un problème. Dans le cadre d'une agression, la stratégie de « Coping », consistera en la mise en œuvre des moyens physiques et physiologiques, afin de surmonter le déséquilibre engendré par cette agression et

d'ajuster les réactions, par rapport aux problèmes posés. Le « coping » est une stratégie d'actions innées ou acquises.
Les réponses pouvant être données par un individu qui se croit agressé sont très diverses et propres à chacun.

La philosophie comme action.

Nous vivons un monde étonnant, qui voudrait nous faire croire que la philosophie n'est réservée qu'aux savants et à ceux ayant atteignent un certain niveau littéraire. Je me suis souvent demandé pourquoi !

Il est tout de même étonnant de constater que l'on peut enseigner une religion à un enfant dès son plus jeune âge et que ce même enfant doivent attendre 18 ans avant que l'école lui enseigne la philosophie- et encore faut t'il qu'il suive des études classiques, car si il choisi une filaire professionnelle, jamais il n'aura accès à la philosophie.

Pourquoi les doctrines du salut par un tiers (dieu et les intermédiaires), prime t'elle sur les doctrines du salut par soi-même ? Je pense qu'une école républicaine et laïque doit permettre l'accès à la philosophie, donc à la réflexion personnel, et cela doit être possible, dès le plus jeune âge. Je pense même que l'étude de la philosophie est d'intérêt général et j'approuve sans retenue Albert JACQUARD lorsque celui-ci écrit :

« *Chaque élève a droit aux apports de savoir et de réflexion qui l'aideront dans ce qui est la tâche de toute une vie : devenir celui que l'on choisit d'être.*
Refuser à certains, sous prétexte qu'ils sont catalogués " mauvais élèves " ou " faits pour le travail manuel ", l'accès à un exercice intellectuel aussi fondamental que la philosophie, c'est accepter le découpage de l'humanité en catégories hiérarchisées, c'est-à-dire accepter la barbarie. » *Et j'ajoute favoriser le racisme.*

 Mais je comprends parfaitement que cela puisse faire peur, car permettre à chaque personne de ce pays de réfléchir, poser un problème, l'évaluer, l'analyser ne peut qu'effrayer les dominants qui nous abreuvent chaque jours d'inepties, de stupidités, de mensonges. Permettre d'un coup aux dominés de comprendre comment et par qui ils sont soumis, manipulés et instrumentalisés est dangereux pour nos « élites ». Il est plus facile de manipuler des lobotomisés du petit écran que des lecteurs de Rousseau ou de Spinoza.

Laissons également la parole à un autre de nos philosophes contemporains, Luc FERRY :

« Pourtant j'ai acquit au fil des ans la conviction qu'il est précieux pour tout un chacun, y compris pour ceux aux yeux desquels elle ne saurait être une vocation, d'étudier un tant soit peu la philosophie, ne serait-ce que pour deux raisons toutes simples.
La première*, c est qu'on ne peut, sans elle, rien comprendre au monde dans lequel nous vivons. C'est la formation la plus éclairante... Pourquoi ? Tout simplement parce que la quasi-totalité de nos pensées, de nos convictions, mais aussi de nos valeurs s'inscrit, sans que nous le sachions toujours, dans de grandes visions du monde déjà élaborées et structurées au fil de l'histoire des idées. Il est indispensable de les comprendre pour en saisir la logique, la portée, les enjeux... Mais, au-delà même de ce que l'on gagne en compréhension, en intelligence de soi et des autres par la connaissance des grandes œuvres de la tradition, il faut savoir qu'elles peuvent, tout simplement, aider à vivre mieux et plus libre. Comme le disent chacun à leur façon plusieurs penseurs contemporains, on ne philosophe pas pour s'amuser, ni même seulement pour comprendre le monde et se comprendre mieux soi-même, mais, parfois « pour sauver sa peau »*

« Je pense donc j'agis » La philosophie est une excellente façon de lutter contre le stress et mettre fin à l'inhibition de l'action car elle incite à bouger et se poser des questions, elle incite à l'étude des sciences et des techniques,

à la découverte du monde, bref elle pousse tout simplement à l'action. « *Que chacun raisonne en son âme et conscience, qu'il se fasse une idée fondée sur ses propres lectures et non d'après les racontars des autres* » à écrit Albert Einstein, je vous invite à commencer à le faire.

La » méthode » est simple et je l'applique depuis plus de 10 ans, elle m'a permis de progresser énormément dans ma compréhension de la vie, elle m'a ouvert sur les autres sciences, elle m'a redonné l'envie d'apprendre, elle m'a ouvert l'esprit et permis de relativisé bien des aspects de ma vie.

Prendrez, notez, apprenez chaque semaine une petite phrase, une citation dirons-nous, d'un philosophe et passez la semaine à la retourner dans tout les sens. Dès que vous disposez d'un moment de libre, pensez y. Discuter en avec un ami, un confident, échangez des points de vue, lisez, cherchez, posez-vous des questions, notez vos réflexions.

Prenez le temps de chercher sur internet ou à la bibliothèque, les philosophes présentés dans ce livre, découvrez les œuvres, imprégnez vous des époques, il est en effet indispensable de situer un philosophe dans son époque pour le comprendre. Adaptez ensuite les pensées à

notre temps puis définissez et notez vos
propres réflexions.

Devant les épreuves que la vie vous impose,
cherchez parmi les citations celles qui peuvent
y répondre, là encore, pensez y et notez vous
remarques et vous analyses.

Vous n'imaginez pas le bienfait que vous allez
en retirer, faites le et vous ne le regretterez
pas.

<u>ARISTOTE</u>

❖ **[...] c'est de par leur caractère que
les hommes sont ce qu'ils sont, mais
c'est de par leurs actions qu'ils sont
heureux, ou le contraire.**
(*Poétique*, trad. Odette Bellevenue et
Séverine Auffret)

<u>ALAIN</u>

❖ **Qui n'a jamais été ridicule ne sait
point rire.**
(*Propos de littérature*)

❖ [...] il est de nécessité que tout homme apprenne à lire et à écrire avant d'apprendre à penser. Tout langage est d'abord ramage et gazouillement, comme des oiseaux.
(*Propos de littérature*)

❖ [...] l'effort qu'on fait pour être heureux n'est jamais perdu.
(*Propos sur le bonheur*)

❖ Je vois que la crainte nous conduit à combattre la maladie par le régime et les remèdes ; mais quel régime et quels remèdes nous guériront de craindre ?
(*Propos sur le bonheur*)

❖ Celui qui s'ennuie a une manière de s'asseoir, de se lever, de parler, qui est propre à entretenir l'ennui.
(*Propos sur le bonheur*)

❖ Chose remarquable et trop peu remarquée, ce n'est point la pensée qui nous délivre des passions, mais c'est plutôt l'action qui nous délivre.
(*Propos sur le bonheur*)

❖ Il est bon d'avoir un peu de mal à vivre et de ne pas suivre une route tout unie.
(*Propos sur le bonheur*)

❖ L'homme qui ne fait rien n'aime rien.
(*Propos sur le bonheur*)

❖ Nous nous donnons bien du mal pour fabriquer nos regrets et nos craintes.
(*Propos sur le bonheur*)

❖ Il n'est pas difficile d'être malheureux ; ce qui est difficile c'est d'être heureux ; ce n'est pas une raison pour ne pas essayer ; au contraire ; le proverbe dit que toutes les belles choses sont difficiles.
(*Propos sur le bonheur*)

❖ [...] exister c'est répondre aux chocs du monde environnant ; c'est, plus d'une fois par jour, et plus d'une fois par heure, oublier ce qu'on a juré d'être.
(*Propos sur le bonheur*)

❖ Il y a l'avenir qui se fait et l'avenir qu'on fait. L'avenir réel se compose

des deux.
(*Propos sur le bonheur*)

❖ **C'est dans l'action libre qu'on est heureux ; c'est par la règle que l'on se donne qu'on est heureux ; par la discipline acceptée en un mot, soit au jeu de football, soit à l'étude des sciences. Et ces obligations, vues de loin, ne plaisent pas, mais au contraire déplaisent. Le bonheur est une récompense qui vient à ceux qui ne l'ont pas cherchée.**
(*Propos sur le bonheur*)

CHARLES BAUDELAIRE

❖ **Pour n'être pas les esclaves martyrisés du Temps, enivrez-vous; enivrez-vous sans cesse! De vin, de poésie ou de vertu, à votre guise.**
(*Le spleen de Paris*)

LOUIS-FERDINAND CELINE

❖ **La plupart des gens ne meurent qu'au dernier moment ; d'autres commencent et s'y prennent vingt ans d'avance et parfois davantage.**

Ce sont les malheureux de la terre.
(*Voyage au bout de la nuit*)

❖ Si les gens sont si méchants, c'est
peut-être seulement parce qu'ils
souffrent, mais le temps est long qui
sépare le moment où ils ont cessé de
souffrir de celui où ils deviennent un
peu meilleurs.
(*Voyage au bout de la nuit*)

CONFUCIUS

❖ Rien ne sert de parler des choses qui
sont déjà accomplies, ni de faire des
remontrances sur celles qui sont déjà
très avancées, ni de blâmer ce qui est
passé.
(*Entretiens du Maître avec ses
disciples*)

❖ Ne cherchez pas à vous immiscer
dans les affaires dont vous n'avez
pas la charge.
(*Entretiens du Maître*)

CICERON

❖ [...] il faut beaucoup de force de
caractère pour détacher son esprit
des sens et dégager sa réflexion des

idées reçues.
(*Devant la mort (1re Tusculane)*)

Jean Cocteau

❖ **À force de ne jamais réfléchir, on a un bonheur stupide.**
(*Les monstres sacrés*)

❖ **Le bonheur est une longue patience...**
(*Les monstres sacrés*)

❖ **Toute oeuvre vivante comporte sa propre parade.**
(*Les mariés de la Tour Eiffel*)

Albert Einstein

❖ **Je connais lucidement et sans arrière-pensée les frontières de la communication et de l'harmonie entre moi et les autres hommes. J'ai perdu ainsi de la naïveté ou de l'innocence mais j'ai gagné mon indépendance. Je ne fonde plus une opinion, une habitude ou un jugement sur autrui. J'ai expérimenté l'homme. Il est**

inconsistant.
(*Comment je vois le monde*)

❖ **Je détermine l'authentique valeur d'un homme d'après une seule règle : à quel degré et dans quel but l'homme s'est libéré de son Moi ?**
(*Comment je vois le monde*)

❖ **Que chacun raisonne en son âme et conscience, qu'il se fasse une idée fondée sur ses propres lectures et non d'après les racontars des autres.**
(*Comment je vois le monde*)

EPICTETE

❖ **Le maître d'un homme, c'est celui qui a la puissance sur ce que veut ou ne veut pas cet homme, pour le lui donner ou le lui ôter. Que celui qui veut être libre, n'ait ni attrait ni répulsion pour rien de ce qui dépend des autres; sinon, il sera fatalement malheureux.**
(*Manuel*)

❖ **Nul ne peut te léser, si tu ne le veux point,car tu ne seras lésé que si tu juges qu'on te lèse.**
(*Manuel*)

❖ **Ce qui trouble les hommes, ce ne sont pas les choses, mais les jugements qu'ils portent sur ces choses.**
(*Manuel*)

<u>EPICURE</u>

❖ **De tous les biens que la sagesse procure à l'homme pour le rendre heureux, il n'en est point de plus grand que l'amitié. C'est en elle que l'homme, borné comme il l'est par sa nature, trouve la sûreté et son appui.**
(*Maximes*)

<u>LUC FERRY</u>

❖ **J'ai fait le test, j'allais dire l'épreuve : lire les quinze ou vingt ouvrages récemment consacrés aux méfaits de la société médiatique. La liste est impressionnante et l'on pourrait**

croire que la télévision a pris la place
du Diable lui-même. Voici, sans
ajout de ma part ni exagération
d'aucune sorte ce que, pêle-mêle, j'ai
pu rapporter de cette plongée
antimédiatique : la télévision aliène
les esprits, elle montre à tous la
même chose, véhicule l'idéologie de
ceux qui la fabriquent, elle déforme
l'imagination des enfants, appauvrit
la curiosité des adultes, endort les
esprits, elle est un instrument de
contrôle politique, elle fabrique nos
cadres de pensée, elle manipule
l'information, elle impose des
modèles dominants, pour ne pas dire
bourgeois, elle ne montre de façon
systématique qu'une partie du réel
en oubliant la réalité du monde
ouvrier, elle marginalise les langues
et les cultures régionales, elle
engendre la passivité, détruit les
relations interpersonnelles dans les
familles, tue le livre et toute culture
" difficile ", incite à la violence, à la
vulgarité ainsi qu'à la pornographie,
empêche les enfants de devenir
adultes, concurrence de façon
déloyale les spectacles vivants,
cirque, théâtres, cabaret ou cinéma,

génère l'indifférence et l'apathie des citoyens à force de surinformation inutile, abolit les hiérarchies culturelles, remplace l'information par la communication, la réflexion par l'émotion, la distanciation intellectuelle par la présence de sentiments volatils et superficiels, dévalorise l'école... À se demander comment chaque soir, l'immense majorité des citoyens se partage entre ceux qui sont devant leur écran, et ceux qui, tout en la critiquant, s'interrogent sur la façon la plus adéquate d'y accéder dans les meilleurs délais...
(*L'Homme-Dieu*))

<u>GOETHE</u>

❖ « *Le sens commun est le génie de l'humanité.* »
Le sens commun, que l'on peut regarder comme le génie de l'humanité, doit être considéré avant tout dans ses manifestations. Or, si nous examinons à quoi l'humanité s'applique, nous trouverons ce qui

suit :

L'humanité a des besoins qui sont les conditions de sa nature ; s'ils ne sont pas satisfaits, elle se montre impatiente ; sont-ils satisfaits, elle paraît indifférente. L'homme se meut entre ces deux états, et il emploie sa raison, ce qu'on appelle vulgairement la raison humaine, à pourvoir à ses besoins. A-t-il atteint ce but, alors naît pour lui la nécessité de combler le vide de l'indifférence. S'il se referme ici dans d'étroites limites, dans les bornes nécessaires, il peut y réussir encore ; mais si les besoins s'élèvent, s'ils sortent du cercle des choses communes, le sens commun ne suffit plus ; il n'est plus *génie*. La région de l'erreur est ouverte à l'homme.

(Maximes et réflexions)

<u>ALBERT JACQUARD</u>

❖ **Oublions ces examens qui agissent comme des aimants pernicieux en orientant les efforts vers la " réussite**

". En réalité, ils ne sont que des événements anecdotiques, de peu d'importance à côté de l'enjeu essentiel : construire cet outil fabuleux qu'est notre intelligence.
(*Petite philosophie à l'usage des non-philosophes*)

❖ Idéalement, tout comportement devrait résulter d'une décision personnelle prise après une analyse lucide. Suivre un exemple, c'est se défausser d'une responsabilité sur un autre. Donner l'exemple en proposant à l'autre de suivre cet exemple, c'est l'encourager à une irresponsabilité. Mieux vaudrait lui demander de mener à son terme sa propre réflexion.
(*Petite philosophie à l'usage des non-philosophes*)

❖ Être conscient que demain existera et que je peux avoir une influence sur lui est le propre de l'homme.
(*Petite philosophie à l'usage des non-philosophes*)

❖ Présenter la télévision comme un prolongement des moyens d'information d'autrefois est lui faire beaucoup trop d'honneur. Elle ne succède nullement aux journaux ou aux revues qui décrivaient les faits et proposaient une réflexion à leur propos. Elle a plutôt pris la place des bonimenteurs qui jadis, sur les boulevards, vendaient des poudres miraculeuses, et celle des camelots qui distribuaient des chansons illustrées paraphrasant l'actualité. (*Mon utopie*)

❖ Finalement, le résultat de la partie est résumé par quelques nombres, le sport est réduit à un score. Face à la réalité du jeu, ce score est aussi réducteur qu'un squelette face à un être vivant.
Si cette attitude de compétition permanente se bornait au sport, ce ne serait qu'anecdotique ; hélas, dès l'école primaire, elle est présentée comme une nécessité, elle serait seule conforme aux leçons de la nature. Un darwinisme simpliste est même utilisé pour la justifier : l'amélioration des espèces est

présentée comme le résultat d'une implacable « lutte pour la vie » qu'il faudrait perpétuer. En réalité, l'arbre de l'évolution comporte des bifurcations qui doivent beaucoup plus au hasard qu'à la nécessité. Rien ne nous oblige à prolonger cette lutte au cours des événements qui sont la part spécifiquement humaine de notre vie : les échanges.
(*Mon utopie*)

❖ **Or l'éducation n'a nul besoin de palmarès. À quoi peut bien servir le constat que l'élève X est « meilleur » que l'élève Y ? Ce besoin est arbitrairement suggéré par la société, qui propose en effet à chacun de se contenter du confort intellectuel qu'apporte la soumission à de multiples hiérarchies. Elle nous fait admettre qu'un parcours de vie se résume à un enchaînement de sélections. Pour jouer véritablement son rôle, l'école devrait tout au contraire tenir compte du potentiel créateur de chacun.**
(*Mon utopie*)

❖ **Les examens, considérés comme des événements importants qui rythment**

la succession des trimestres, y
tiennent une place démesurée.
Charles Pepinster, du GBEN, a
calculé que, compte tenu de leur
préparation et de leur correction, ils
représentent une durée totale de
deux années sur les douze des études
primaires et secondaires. Ce sont
deux années inutilement consacrées
non à aider les élèves, à les faire
progresser mais à les juger, les
sélectionner, les exclure.
(*Mon utopie*)

❖ Tout projet important doit avoir
pour fondation une définition de
l'être humain qui tienne compte de
sa double source, la nature et
l'aventure : d'une part l'organisme,
tel qu'il a été mis en place à partir du
patrimoine biologique reçu, d'autre
part la conscience d'être, édifiée
grâce aux autres.
La fonction première de toute
collectivité humaine est de susciter
cette aventure, d'en faciliter le
déroulement. Elle doit donc aider
chacun à rencontrer l'autre avec
l'attitude de celui qui va vers une
source, non de celui qui se prépare à

un affrontement.
(Halte aux Jeux)

- ❖ Lorsque cet objectif de victoire personnelle est la finalité réelle des efforts consentis, l'aboutissement ne peut être qu'une lutte contre les autres, alors que la réussite essentielle des êtres humains est de savoir lutter contre soi avec l'aide des autres. Les Jeux olympiques sont devenus une illustration de ce dévoilement, de cette perversion. Officiellement, il s'agit de rencontres loyales où chacun manifeste au mieux ses talents. Le mot d'ordre est partout répété : « L'important, c'est de participer, non de gagner. » Mais il est difficile de ne pas déceler dans cette formule une bonne dose d'hypocrisie, tant l'accent est mis à toute occasion sur la nécessité de gagner.
(Halte aux Jeux)

- ❖ Si vraiment l'objectif est de participer, il ne peut pas être de gagner ; si vraiment l'objectif est de rencontrer amicalement d'autres êtres humains, il ne peut pas être de

chercher à l'emporter sur eux ; si vraiment il s'agit de faire la fête, il ne peut pas s'agir de se doper. Pour éradiquer le dopage, la seule voie possible est d'en supprimer la cause, c'est-à-dire d'oublier la compétition.
(Halte aux Jeux)

❖ **Les religions devraient solennellement proclamer que toute guerre en leur nom constitue véritablement un blasphème.**
(*Petite philosophie à l'usage des non-philosophes*)

Carl Gustav Jung

❖ **Nous sommes, dans ce que notre vie a de plus privé et de plus subjectif, non seulement les victimes, mais aussi les artisans de notre temps. Notre temps - c'est nous!**
(*L'homme à la découverte de son âme*)

❖ *Le corps* **est pour l'homme un ami douteux; il produit souvent ce que nous n'aimons pas; à son égard nous nous tenons sur nos gardes; car il y a trop de choses dans le corps qui ne**

peuvent être mentionnées. Le corps nous sert souvent psychologiquement à personnifier notre ombre.
(*L'homme à la découverte de son âme*)

❖ Une pensée réellement profonde a toujours quelque chose de paradoxal, qui apparaît aux esprits médiocrement doués comme obscur et contradictoire.
(*L'homme à la découverte de son âme*)

EMMANUEL KANT

❖ L'insensible est protégé contre la déraison par sa bêtise.
(*Essai sur les maladies de la tête*)

❖ L'homme obtus manque d'esprit, le sot d'entendement.
(*Essai sur les maladies*)

ARTHUR KOESTLER

❖ La philosophie est chose trop sérieuse pour qu'on la laisse aux philosophes.
(*Les call-girls*)

❖ **Les hommes ne tuent pas par haine, ils tuent par amour de leurs dieux.**
(*Les call-girls*)

❖ **L'enfant est obligé d'endurer une période d'impotence et de dépendance plus longue que les jeunes de n'importe quelle autre espèce. Il est permis de se demander si cette expérience initiale de complète dépendance n'est pas responsable, au moins partiellement, de la tendance de notre espèce à obéir, à se soumettre à l'autorité imposée par des individus ou des groupes, et de sa suggestibilité aux doctrines et aux symboles. En somme, si j'ose dire, le lavage de cerveau commence au berceau.**
(*Les call-girls*)

❖ **Si vous faites l'inventaire des causes du malheur de l'humanité, mettez au premier rang le langage. C'est le poison qui rend fou, et qui détruit l'espèce.**
(*Les call-girls*)

❖ **La loi de l'inertie s'applique à l'imagination: nous ne pouvons pas**

croire que demain différera
d'aujourd'hui.
(*Les call-girls*)

* ❖ **Le genre de divertissement que nous
  déversent les communications de
  masse risque de nous faire oublier
  que la vraie récréation est une re-
  création.**
  (*Le cri d'Archimède*)

* ❖ **La curiosité intellectuelle - vouloir
  comprendre - dérive d'un besoin
  aussi fondamental que la faim ou la
  sexualité: l'énergie exploratrice.**
  (*Le cri d'Archimède*)

* ❖ **La meilleure façon d'apprendre est
  de résoudre des problèmes.**
  (*Le cri d'Archimède*)

* ❖ **L'homme ne peut hériter le passé, il
  faut qu'il le recrée.**
  (*Le cri d'Archimède*)

JEAN DE LA FONTAINE

* ❖ **Apprenez que tout flatteur
  Vit aux dépens de celui qui l'écoute.**
  (*Le Corbeau et le Renard*)

❖ Une Hirondelle en ses voyages
Avait beaucoup appris. Quiconque a
beaucoup vu ,peut avoir beaucoup
retenu.
(*L'Hirondelle et les petits oiseaux*)
❖ Je plie, et ne romps pas.
(*Le Chêne et le Roseau*)

❖ Patience et longueur de temps
Font plus que force ni que rage.
(*Le Lion et le Rat*)

❖ L'accoutumance ainsi nous rend tout
familier.
Ce qui paraissait terrible et singulier
S'apprivoise avec notre vue,
Quand ce vient à la continue.
(*Le Chameau et les Bâtons flottants*)

❖ Quel que soit le plaisir que cause la
vengeance,
C'est l'acheter trop cher, que
l'acheter d'un bien dans qui les
autres ne sont rien.
(*Le Cheval s'étant voulu venger du
Cerf*)

❖ Tout vainqueur insolent à sa perte
travaille.

Défions-nous du sort, et prenons garde à nous, après le gain d'une bataille.
(*Les Deux Coqs*)

❖ Amusez les Rois par des songes,
Flattez-les, payez-les d'agréables mensonges,
Quelque indignation dont leur coeur soit rempli,ils goberont l'appât, vous serez leur ami.
(*Les Obsèques de la Lionne*)

❖ Hâte-toi, mon ami, tu n'as pas tant à vivre.
Je te rabats ce mot, car il vaut tout un livre :
Jouis. - Je le ferai. - Mais quand donc ? - Dès demain.
- Eh ! mon ami, la mort te peut prendre en chemin.
Jouis dès aujourd'hui [...]
(*Le Loup et le Chasseur*)

KONRAD LORENTZ

❖ La vérité ne peut être écrasée, que si on parvient à l'étouffer avec le temps.

(Les huit péchés capitaux de notre civilisation)

❖ **Il serait présomptueux de penser que ce que l'on sait soit-même n'est pas accessible à la majorité des autres hommes.**
(Les huit péchés capitaux de notre civilisation)

❖ **Vouloir écarter de sa route toute souffrance, signifie se soustraire à une part essentielle de la vie humaine.**
(Les huit péchés capitaux de notre civilisation)

❖ **La mode est la méthode la plus irrésistible et la plus efficace de manipuler de grandes collectivités humaines.**
(Les huit péchés capitaux de notre civilisation)

MARC-AURELE

❖ **Ne te laisse pas distraire par les événements extérieurs! Prends le temps d'apprendre quelque chose de bon et cesse de papillonner! Méfie-**

toi aussi de l'erreur de ceux qui, à
force d'activités, sont fatigués de la
vie et n'ont pas de but vers lesquels
diriger leurs efforts et, en un mot,
leurs idées.
(*Pensées pour moi-même*)

❖ **Des nombreux grains d'encens jetés
sur le même autel, l'un est tombé le
premier, un autre tombera le dernier
et cela n'a pas d'importance.**
(*Pensées pour moi-même*)

❖ **Le vaniteux fait dépendre son propre
bonheur de l'activité d'autrui; le
voluptueux, de ses propres
sensations et l'homme intelligent, de
ses propres actions.**
(*Pensées pour moi-même*)

❖ **La perfection du caractère consiste à
passer chaque journée comme si
c'était la dernière, à éviter
l'agitation, la torpeur et l'hypocrisie.**
(*Pensées pour moi-même*)

❖ **Développe en toi l'indépendance à
tout moment, avec bienveillance,
simplicité et modestie.**
(*Pensées pour moi-même*)

❖ **Nous ne pouvons être tenus au-delà de nos forces et de nos moyens.**
(*Essais 1.6*)

❖ **J'ai vu souvent des hommes incivils par trop de civilité, et importuns de courtoisie.**
(*Essais 1.13*)

❖ **Les choses ne sont pas si douloureuses, ni difficiles d'elles-mêmes ; mais notre faiblesse et lâcheté les fait telles. Pour juger des choses grandes et hautes, il faut une âme de même, autrement nous leur attribuons le vice qui est le nôtre. Un aviron droit semble courbe en l'eau. Il n'importe pas seulement qu'on voie la chose, mais comment on la voit.**
(*Essais 1.14*)

❖ **Qui n'a le coeur de souffrir ni la mort ni la vie, qui ne veut ni résister ni fuir, que lui ferait-on ?**
(*Essais 1.14*)

❖ **La vaillance a ses limites, comme les autres vertus, lesquelles franchies, on se trouve dans le train du vice.**
(*Essais 1.15*)

❖ **J'observe en mes voyages cette pratique, pour apprendre toujours quelque chose par la communication d'autrui (qui est une des plus belles écoles qui puisse être){, de ramener toujours ceux avec qui je confère, aux propos des choses qu'ils savent le mieux.**
(*Essais 1.17*)

❖ **Car c'est la règle des règles, et générale loi des lois, que chacun observe celles du lieu où il est.**
(*Essais 1.23*)

❖ **Savoir par coeur n'est pas savoir : c'est tenir ce qu'on a donné en garde à sa mémoire. Ce qu'on sait droitement, on en dispose, sans regarder au patron, sans tourner les yeux vers son livre. Fâcheuse suffisance, qu'une suffisance pure livresque !**
(*Essais 1.26*)

❖ [...] opiniâtreté et contester sont
qualités communes, plus apparentes
aux plus basses âmes ; que se raviser
et se corriger, abandonner un
mauvais parti sur le cours de son
ardeur, ce sont qualités rares, fortes
et philosophiques.
(*Essais 1.26*)

❖ Le vrai miroir de nos discours est le
cours de nos vies.
(*Essais 1.26*)

❖ Le silence et la modestie sont qualités
très commodes à la conversation.
(*Essais 1.26*)

❖ Je n'ai point cette erreur commune
de juger d'un autre selon que je suis.
J'en crois aisément des choses
diverses à moi.
(*Essais 1.37*)

❖ La plus grande chose du monde, c'est
de savoir être à soi.
(*Essais 1.39*)

❖ Le pire état de l'homme, c'est quand
il perd la connaissance et

gouvernement de soi.
(*Essais 2.2*)

❖ **Mon métier et mon art, c'est vivre.**
(*Essais 2.6*)

❖ **Le vieux Caton disait en son temps, qu'autant de valets autant d'ennemis.**
(*Essais 2.8*)

❖ **Je hais, entre autres vices, cruellement la cruauté, et par nature et par jugement, comme l'extrême de tous les vices.**
(*Essais 2.11*)

❖ **Puisque la philosophie est celle qui nous instruit à vivre, et que l'enfance y a sa leçon, comme les autres âges, pourquoi ne la lui communique-t-on ?**
(*Essais 1.26*)

<u>HENRY DE MONTHERLANT</u>

❖ **Les grandes idées ne sont pas charitables.**
(*Le Maître de Santiago*)

❖ Partez. Cela vous fait envie, et vous avez dix-neuf ans. Quand on a dix-neuf ans, on finit toujours par faire ce dont on a envie.
(*Le Maître de Santiago*)

❖ Quand vous hésitez entre plusieurs voies, prenez toujours la plus douloureuse.
(*Le Maître de Santiago*)

❖ Vous êtes pédagogue et moralisateur vous n'êtes pas fait pour le simple ni pour le vrai.
(*La Reine Morte*)

❖ Il y a deux sortes de conseillers. Ceux qui n'ont pas d'opinion personnelle, et s'ingénient à prendre notre point de vue et à le soutenir, par courtisanerie. Et ceux qui ont une opinion personnelle, à quoi ils se tiennent, dont nous n'écoutons l'exposé qu'avec humeur, et faisant ensuite à notre tête. C'est dire que ces deux sortes de conseillers sont également inutiles.
(*La Reine Morte*)

❖ C'est pourtant la plus grande preuve
   de force, qu'accepter d'être
   dédaigné, sachant qu'on ne le mérite
   pas.
   (*La Reine Morte*)

❖ Un remords vaut mieux qu'une
   hésitation qui se prolonge.
   (*La Reine Morte*)

❖ Les gens qui sont déçus méritent
   toujours de l'être.
   (*Fils de personne*)

❖ Les révolutions font perdre
   beaucoup de temps.
   (*Malatesta*)
❖ Les pires ennemis d'un homme, ce
   sont ses compatriotes.
   (*Malatesta*)
❖ L'hiver est un printemps qui
   s'ignore.
   (*Malatesta*)
❖ Un homme à qui le pouvoir monte à
   la tête est toujours ridicule.
   (*Le Cardinal d'Espagne*)

❖ **La guerre est beaucoup plus qu'agression et conquête, c'est une suspension des contrôles de " civilisation ", un déchaînement unbrique des forces de destruction. Et quand s'opposent, dans le jeu de la vie et de mort, non seulement des intérêts et des fureurs, mais aussi le sens de ce qui est sacré et maudit, de ce qui est juste et de ce qui est vrai, lorsque les dieux combattent avec les armées, le déferlement va jusqu'au génocide.**
(*Le paradigme perdu*)

❖ **La pleine conscience de l'incertitude, de l'aléa, de la tragédie dans toutes choses humaines est loin de m'avoir conduit à la désespérance. Au contraire, il est tonique de troquer la sécurité mentale pour le risque, puisqu'on gagne ainsi la chance. Les vérités polyphoniques de la complexité exaltent, et me comprendront ceux qui comme moi**

étouffent dans la pensée close, la science close, les vérités bornées, amputées, arrogantes. Il est tonique de s'arracher à jamais au maître mot qui explique tout, à la litanie qui prétend tout résoudre. Il est tonique enfin de considérer le monde, la vie, l'homme, la connaissance, l'action comme *systèmes ouverts*. L'ouverture, brèche sur l'insondable et le néant, blessure originaire de notre esprit et de notre vie, est aussi la bouche assoiffée et affamée par quoi notre esprit et notre vie désirent, respirent, s'abreuvent, mangent, baisent.
(*Le paradigme perdu*)

❖ Il est remarquable que l'éducation qui vise à communiquer les connaissances soit aveugle sur ce qu'est la connaissance humaine, ses dispositifs, ses infirmités, ses difficultés, ses propensions à l'erreur comme à l'illusion, et ne se préoccupe nullement de faire connaître ce qu'est connaître.
(*Les sept savoirs nécessaires à l'éducation du futur*)

❖ La connaissance des problèmes clés du monde, si aléatoire et difficile soit-elle, doit être tentée sous peine d'infirmité cognitive. L'ère planétaire nécessite de tout situer dans le contexte et le complexe planétaires. La connaissance du monde en tant que monde devient nécessité à la fois intellectuelle et vitale. C'est le problème universel pour tout citoyen du nouveau millénaire : *comment acquérir l'accès aux informations sur le monde et comment acquérir la possibilité de les articuler et de les organiser ? Comment percevoir et concevoir le Contexte, le Global (la relation tout/parties), le Multidimensionnel, le Complexe?* Pour articuler et organiser les connaissances, et par là reconnaître et connaître les problèmes du monde, il faut une réforme de pensée. Or, cette réforme est paradigmatique et non pas programmatique : c'est la question fondamentale pour l'éducation, car elle concerne notre aptitude à organiser la connaissance.
(*Les sept savoirs nécessaires à l'éducation du futur*)

❖ La situation est paradoxale sur notre Terre. Les interdépendances se sont multipliées. La communication triomphe, la planète est traversée par des réseaux, fax, téléphones portables, modems, Internet. La conscience d'être solidaires dans leur vie et dans leur mort devrait lier désormais les humains les uns aux autres. Et pourtant, l'incompréhension demeure générale. Il y a certes de grands et multiples progrès de la compréhension, mais les progrès de l'incompréhension semblent encore plus grands.
(*Les sept savoirs nécessaires à l'éducation du futur*)

❖ En fait, on ne peut séparer l'économique, l'historique, le psychologique, le mythologique, etc. Einstein le montrait déjà à son époque. Il était un globaliste-mathématicien, penseur, ingénieur, quelqu'un qui essayait d'avoir des concepts. Il adorait jouer du violon, il « perdait son temps » à s'intéresser à l'art, à la politique... Les spécialistes, eux, se contentent de vérifier ses théories.

(Dialogue sur la connaissance)

❖ **L'idée de vérité est la plus grande source d'erreur que l'on puisse envisager ; l'erreur fondamentale consiste à s'approprier le monopole de la vérité.**
(Éduquer pour l'ère planétaire)

❖ **Le caractère professionnel de l'enseignement conduit à réduire l'enseignant à un expert. L'enseignement doit cesser de n'être qu'une fonction, une spécialisation, une profession pour redevenir une mission de transmission de stratégies pour la vie. La transmission exige, évidemment, de la compétence, mais elle requiert également, en outre, une technique et un art.**
Elle exige ce qu'aucun manuel ne mentionne, mais que Platon soulignait déjà comme une condition indispensable à tout enseignement : l'éros, qui est à la fois désir, plaisir et amour, désir et plaisir de transmettre, amour de la connaissance et amour des élèves. L'éros permet de surmonter la jouissance qui s'attache au pouvoir,

au profit de la jouissance qui s'attache au don.

Là où il n'y a pas d'amour, ce ne sont que problèmes de carrière, de salaire pour l'enseignant, d'ennui pour l'élève. La mission suppose, bien entendu, foi en la culture et foi en les possibilités de l'esprit humain. La mission est donc élevée et difficile, parce qu'elle suppose à la fois temps, art, foi et amour.

(*Éduquer pour l'ère planétaire*)

❖ Quand on a l'obsession de réfuter une idée, c'est contre soi qu'on veut la réfuter. Si on ne répond pas aux vrais arguments d'autrui, et qu'on en cherche seulement les défauts superficiels, c'est qu'on sent ces arguments terriblement valables. Certes, je suis conscient du fait que la polémique, qui ferme l'esprit, peut aussi l'aiguiser. La polémique est un aspect du jeu dialectique « de la vérité ». Je ne propose pas la mort de la polémique. Je pose plutôt la nécessité de l'auto-polémique. Ne sommes-nous pas à nous-mêmes *notre meilleur ennemi ?* Oui, il faut une pensée toujours en lutte,

aiguisée, hors du fourreau, mais contre l'ennemi intérieur ; il faut concevoir ce qu'il y a de juste dans une objection, en même temps qu'on fonce pour découvrir ce qu'il y a de faux.
(*Le vif du sujet*)

❖ Ils ne savent pas que c'est leur infériorité mentale qu'ils démontrent lorsqu'ils veulent prouver leur supériorité raciale.
(*Le vif du sujet*)

❖ Mais qu'est-ce que la connaissance sinon un échange où nous restituons par le langage ce que le monde nous a donné ?
(*Le vif du sujet*)

❖ À force de sacrifier l'essentiel pour l'urgence, on finit par oublier l'urgence de l'essentiel.
(*Éthique*)

❖ La clôture disciplinaire, jointe à l'insertion de la recherche scientifique dans les cadres techno-bureaucratiques de la société, produit l'irresponsabilité pour tout

ce qui est extérieur au domaine
spécialisé.
Heureusement, les scientifiques ne
sont pas seulement des scientifiques,
ce sont aussi des citoyens, ce sont
également des êtres de conviction
métaphysique ou religieuse.
Alors les scientifiques ressentent les
impératifs moraux propres à ces
autres vies et ces impératifs moraux
interviennent dans leurs activités
scientifiques.
(*Éthique*)

❖ L'honneur est la morale de
   l'égocentrisme.
   (*Éthique*)
❖ Tant de professeurs de philosophie
   oublient de s'enseigner à eux-mêmes
   un peu de sagesse. Il faudrait essayer
   de ressembler un peu à ses idées.
   (*Éthique*)

❖ La nécessité d'une Réforme de
   pensée est d'autant plus importante
   à indiquer qu'aujourd'hui le
   problème de l'éducation et celui de la
   recherche sont réduits en termes
   quantitatifs : « davantage de crédits
   », « davantage d'enseignants », «

davantage d'informatique », etc. On se masque par là la difficulté clé que révèle l'échec de toutes les réformes successives de l'enseignement : on ne peut pas réformer l'institution sans avoir au préalable réformé les esprits, mais on ne peut pas réformer les esprits si l'on a pas au préalable réformé les institutions. On retrouve le vieux problème posé par Marx dans la troisième thèse sur Feuerbach : qui éduquera les éducateurs ?
(*Éthique*)

❖ Ce que signifie « une tête bien pleine » est clair : c'est une tête où le savoir est accumulé, empilé, et ne dispose pas d'un principe de sélection et d'organisation qui lui donne sens. « Une tête bien faite » signifie que, plutôt que d'accumuler le savoir, il est beaucoup plus important de disposer à la fois :
- d'une aptitude générale à poser et traiter des problèmes,
- de principes organisateurs qui permettent de relier les savoirs et de leur donner sens.
(*La tête bien faite*)

❖ **La philosophie n'est pas une discipline, c'est une puissance d'interrogation et de réflexion qui porte non seulement sur les connaissances et sur la condition humaine, mais aussi sur les grands problèmes de la vie. Dans ce sens, le philosophe devrait partout stimuler l'aptitude critique et autocritique, ferments irremplaçables de lucidité, et partout encourager à la compréhension humaine, tâche fondamentale de la culture.**
(*La tête bien faite*)

❖ **Connaître et penser, ce n'est pas arriver à une vérité absolument certaine, c'est dialoguer avec l'incertitude.**
(*La tête bien faite*)

❖ **L'Université doit-elle s'adapter à la société ou la société doit-elle s'adapter à l'Université ? Il y a complémentarité et antagonisme entre les deux missions, s'adapter à la société et adapter soi à la société : l'une renvoie à l'autre en une boucle qui devrait être productrice. Il ne**

s'agit pas seulement de moderniser la culture : il s'agit aussi de culturiser la modernité.
(*La tête bien faite*)

❖ **Répétons ici la différence entre expliquer et comprendre. Expliquer c'est considérer l'objet de connaissance seulement comme un objet et lui appliquer tous les moyens objectifs d'élucidation. Il y a ainsi une connaissance explicative qui est objective, c'est-à-dire qui considère des objets dont il faut déterminer les formes, les qualités, les quantités et dont le comportement se connaît par causalité mécanique et déterministe. L'explication est bien entendu nécessaire à la compréhension intellectuelle ou objective. Elle est insuffisante pour la compréhension humaine.**
Il y a connaissance qui est compréhensive, et qui se fonde sur la communication, l'empathie, voire la sympathie inter-subjective. Ainsi je comprends les larmes, le sourire, le rire, la peur, la colère en voyant l'*ego alter* comme *alter ego*, par ma capacité de ressentir les mêmes

sentiments que lui. Comprendre dès lors comporte un processus d'identification et de projection de sujet à sujet. [...] La compréhension, toujours intersubjective, nécessite ouverture et générosité.
(*La tête bien faite*)

❖ *le règne des spécialistes est le règne des idées générales les plus creuses, la plus creuse de toutes étant qu'il ne faut pas d'idée générale.*
(*La tête bien faite*)

BLAISE PASCAL

❖ **Condition de l'homme. Inconstance, ennui, inquiétude.**
(*Pensées* in Œuvres Complètes)

❖ **Quand on lit trop vite ou trop doucement on n'entend rien.**
(*Pensées* in Œuvres Complètes)

❖ **Que chacun examine ses pensées. Il les trouvera toutes occupées au passé ou à l'avenir. Nous ne pensons presque point au présent, et si nous y pensons ce n'est que pour en prendre**

la lumière pour disposer de l'avenir.
Le présent n'est jamais notre fin.
Le passé et le présent sont nos
moyens ; le seul avenir est notre fin.
Ainsi nous ne vivrons jamais, mais
nous espérons de vivre, et, nous
disposant toujours à être heureux, il
est inévitable que nous ne le soyons
jamais.
(*Pensées*)

❖ Pourquoi me tuez-vous à votre
avantage ? Je n'ai point d'armes - Et
pourquoi, ne demeurez-vous pas de
l'autre côté de l'eau ? Mon ami, si
vous demeuriez de ce côté, je serais
un assassin, et cela serait injuste de
vous tuer de la sorte. Mais puisque
vous demeurez de l'autre côté, je suis
un brave et cela est juste.
(*Pensées* in Œuvres Complètes)

❖ Il faut se connaître soi-même. Quand
cela ne servirait pas à trouver le vrai
cela au moins sert à régler sa vie, et
il n'y a rien de plus juste.
(*Pensées* in Œuvres Complètes)

❖ L'homme est ainsi fait qu'à force de
lui dire qu'il est un sot il le croit. Et à

force de se le dire à soi-même on se le
fait croire, car l'homme fait lui seul
une conversation intérieure, qu'il
importe de bien régler.
(*Pensées*)

❖ **Deux choses instruisent l'homme de
toute sa nature : l'instinct et
l'expérience.**
(*Pensées*)

❖ **Es-tu moins esclave pour être aimé et
flatté de ton maître ; tu as bien du
bien, esclave, ton maître te flatte. Il
te battra bientôt.**
(*Pensées* in Oeuvres Complètes)

❖ **Toute histoire qui n'est pas
contemporaine est suspecte.**
(*Pensées*)

❖ **Qu'il est difficile de proposer une
chose au jugement d'un autre sans
corrompre son jugement par la
manière de la lui proposer.**
(*Pensées* in Œuvres Complètes)

<u>**JEAN ROSTAND**</u>

❖ **Tous les espoirs sont permis à l'homme, même celui de disparaître.**
(*Pensées d'un biologiste*)

❖ **L'univers, en faisant l'homme, s'est donné à la fois une victime et un juge.**
(*Pensées d'un biologiste*)

❖ **On tue un homme, on est un assassin. On tue des millions d'hommes, on est un conquérant. On les tue tous, on est un dieu.**
(*Pensées d'un biologiste*)

❖ **L'homme est soluble dans la nature.**
(*Pensées d'un biologiste*)

❖ **Je ne suis quand même pas assez insensé pour être tout à fait assuré de mes certitudes.**
(*Pensées d'un biologiste*)

❖ **Être adulte, c'est être seul.**
(*Pensées d'un biologiste*)

* La science a fait de nous des dieux avant même que nous méritions d'être des hommes.
  (*Pensées d'un biologiste*)

* Science: la seule façon de servir les hommes sans se rendre complice de leurs passions.
  (*Pensées d'un biologiste*)

* Les grands livres sont ceux qui grandissent de concert avec l'homme.
  (*Pensées d'un biologiste*)

* Les honneurs fixent le prix d'un homme pour tous ceux qui sont incapables de juger par eux-mêmes. Et pour les autres aussi.
  (*Pensées d'un biologiste*)

* En politique, on ne flétrit le mensonge d'hier que pour flatter le mensonge d'aujourd'hui.
  (*Pensées d'un biologiste*)

* Attendre d'en savoir assez pour agir en toute lumière, c'est se condamner à l'inaction.
  (*Inquiétudes d'un biologiste*)

- ❖ À force de gagner tant de puissance sur les corps, sur les germes, sur les cerveaux, ne va-t-on pas finir par ôter à l'existence un peu de sa gravité ?
(Pensées d'un biologiste)

- ❖ État d'apesanteur morale. Craignons la nausée de l'omnipotence. La science annule ce qu'elle sait reproduire. Peut-être ne sommes-nous riches que de nos impuissances provisoires.
(Inquiétudes d'un biologiste)

- ❖ Il est malaisé d'imaginer à quel point, d'ordinaire, un savant se désintéresse de l'oeuvre d'un autre savant si celui-ci n'est pas un maître qui le protège ou un élève qui l'honore.
(Carnet d'un biologiste)

ANTOINE DE SAINT-EXUPERY

Il est vain, si l'on plante un chêne, d'espérer s'abriter bientôt sous son feuillage.
(Terre des hommes)

Être homme, c'est précisément être
responsable. C'est connaître la honte en
face d'une misère qui ne semblait pas
dépendre de soi. C'est être fier d'une
victoire que les camarades ont remportée.
C'est sentir, en posant sa pierre, que l'on
contribue à bâtir le monde.
(*Terre des hommes*)

L'empire de l'homme est intérieur.
(*Terre des hommes*)

Mais, dans la mort d'un homme, un monde
inconnu meurt, et je me demandais quelles
étaient les images qui sombraient avec lui.
(*Terre des hommes*)

Pourquoi nous haïr ? Nous sommes
solidaires, emportés sur la même planète,
équipage d'un même navire. Et s'il est bon
que des civilisations s'opposent pour
favoriser des synthèses nouvelles, il est
monstrueux qu'elles s'entredévorent.
(*Terre des hommes*)

Le langage est source de malentendus.
(*Le Petit Prince*)

Tu deviens responsable pour toujours de ce que tu as apprivoisé.
(*Le Petit Prince*)

L'homme est gouverné par l'Esprit. Je vaux, dans le désert, ce que valent mes divinités.
(*Lettre à un otage*)

À la pédagogie normale, s'ajoute une pédagogie incessante et d'une efficacité extraordinaire, et qui est la publicité. Une industrie basée sur le profit tend à créer - par l'éducation - des hommes pour le chewing-gum et non du chewing-gum pour les hommes.
(*Carnets*)

L'éducation passe avant l'instruction : elle fonde l'homme.
(*Carnets*)

Stupide éducation visuelle moderne qui, en effet, découvre d'admirables trucs pour *enseigner sans effort* et livrer ainsi à l'enfant, réduit au rôle de formulaire, un bagage de connaissances, au lieu de lui forger un style - et partant une âme.
(*Carnets*, p.119)

<u>Jean-Paul Sartre</u>

Je ne connais qu'une Église: c'est la société des hommes.
(*Le diable et le bon dieu*)

Une victoire racontée en détail, on ne sait plus ce qui la distingue d'une défaite.
(*Le diable et le bon dieu*)

Le désordre est le meilleur serviteur de l'ordre établi. [...] Toute destruction brouillonne, affaiblit les faibles, enrichit les riches, accroît la puissance des puissants.
(*Le diable et le bon dieu*)

La violence est injuste d'où qu'elle vienne.
(*Le diable et le bon dieu*)

Ce sont les enfants sages, Madame, qui font les révolutionnaires les plus terribles. Ils ne disent rien, ils ne se cachent pas sous la table, ils ne mangent qu'un bonbon à la fois, mais plus tard ils le font payer cher à la Société. Méfiez-vous des enfants sages !
(*Les mains sales*)

Moi j'ai les mains sales. Jusqu'aux coudes. Je les ai plongées dans la merde et dans le

sang. Et puis après ? Est-ce que tu t'imagines qu'on peut gouverner innocemment ?
(*Les mains sales*)

Je déteste les victimes quand elles respectent leurs bourreaux.
(*Les séquestrés d'Altona*)

Il y a bien des façons de séquestrer un homme. La meilleure est de s'arranger pour qu'il se séquestre lui-même.
(*Les séquestrés d'Altona*)

<u>SENEQUE</u>

Les affaires humaines ne sont pas de telle nature, hélas, que les meilleurs choix plaisent au plus grand nombre; et la preuve du pire, c'est la foule.
(*La vie heureuse*)

Heureux, donc, celui dont le jugement est droit; heureux celui qui se contente des biens qui s'offrent à lui aujourd'hui, quels qu'ils soient, et aime ce qu'il possède; heureux celui pour qui la raison décide de la valeur de tout ce qui lui appartient!
(*La vie heureuse*)

Que l'homme ne se laisse ni corrompre, ni dominer par les choses extérieures et ne place son admiration qu'en lui-même; qu'il se fie à son courage et, préparé à toutes les éventualités, soit l'artisan de sa vie. Que sa confiance ne soit pas privée de science, ni sa science de constance: que ses décisions, une fois prises, soient définitives, que rien dans ses décrets ne puisse être biffé.
(*La vie heureuse*, dans La vie heureuse)

L'homme véritable se doit d'admirer, même lorsqu'ils chutent, ceux qui entreprennent de grands efforts. La noblesse, c'est de se mesurer non aux forces qu'on sent en soi, mais à celles que comporte sa nature, d'essayer de monter au plus haut et de viser à des accomplissements impossibles même aux âmes les plus grandes.
(*La vie heureuse*)

MICHEL SERRES

Rien ne donne plus le sens que de changer de sens.
(*Le Tiers-Instruit*)

Le vrai passage a lieu au milieu. Quelque sens que la nage décide, le sol gît à des dizaines ou centaines de mètres sous le

ventre ou des kilomètres derrière et devant.
Voici le voyageur seul. Il faut traverser
pour apprendre la solitude. Elle se
reconnaît à l'évanouissement des références.
(*Le Tiers-Instruit*)

Qui ne bouge n'apprend rien. Oui, pars,
divise-toi en parts.
(*Le Tiers-Instruit*)

Apprendre lance l'errance.
(*Le Tiers-Instruit*)

Séduire : conduire ailleurs. [...]
Partir. Sortir. Se laisser un jour séduire.
Devenir plusieurs, braver l'extérieur,
bifurquer ailleurs. Voici les trois premières
étrangetés, les trois variétés d'altérité, les
trois premières façons de s'exposer. Car il
n'y a pas d'apprentissage sans exposition,
souvent dangereuse, à l'autre. Je ne saurais
jamais plus qui je suis, où je suis, d'où je
viens, où je vais, par où passer. Je m'expose
à autrui, aux étrangetés.
(*Le Tiers-Instruit*)

Transcrivez un modèle, on vous traite de
plagiaire, mais si vous en copiez cent, vous
voilà bientôt docteur.
(*Le Tiers-Instruit*)

Un certain désordre favorise la synthèse.
(*Le Tiers-Instruit*)

Jadis, on appelait pédagogue l'esclave qui conduisait à l'école l'enfant noble. Hermès accompagnait aussi parfois, comme guide. Le petit quitte la maison de famille ; sortie : deuxième naissance. Tout apprentissage exige ce voyage avec l'autre et vers l'altérité. Pendant ce passage, bien des choses changent.
(*Le Tiers-Instruit*)

Étrange et original, déjà mélangé des gènes de son père et de sa mère, l'enfant n'évolue que par ces nouveaux croisements ; toute pédagogie reprend l'engendrement et la naissance d'un enfant : né gauche, il apprend à se servir de la main droite, demeure gaucher, renaît droitier, au confluent des deux sens ; né Gascon, il le reste et devient Français, en fait métissé : Français, il voyage et se fait Espagnol, Italien, Anglais ou Allemand ; s'il épouse et apprend leur culture et leur langue, le voici quarteron, octavon, âme et corps mêlés. Son esprit ressemble au manteau nué d'Arlequin.
(*Le Tiers-Instruit*)

Il faut fréquenter les bibliothèques, certes ;
il convient, assurément, de se faire savant.
Étudiez, travaillez, il en restera toujours
quelque chose. Et après ? Pour qu'il existe
un après, je veux dire quelque avenir qui
dépasse la copie, sortez de la bibliothèque
pour courir au grand air ; si vous demeurez
dedans, vous n'écrirez jamais que des livres
faits de livres. Ce savoir, excellent, concourt
à l'instruction, mais celle-ci a pour but
autre chose qu'elle-même. Dehors, vous
courrez une autre chance.
(*Le Tiers-Instruit*)

Le mathématicien saura mieux le monde et
même son propre langage s'il consent à la
physique, le physicien connaîtra mieux les
choses et même son propre outillage s'il en
vient à la technique, le technicien s'il
apprend l'artisanat et l'artisan s'il accède à
l'oeuvre d'art. Le philosophe grammairien
connaîtra mieux la langue et la
connaissance et le monde s'il tolère le style
et s'ouvre à ses exploits. Inversement on
conçoit le progrès de l'artiste quand il se
met à l'artisanat, celui de l'artisan se faisant
technicien, celui du technicien... et ainsi
jusqu'au bout du chemin, vers les

mathématiques et la logique. Route double pour le philosophe.
(*Le Tiers-Instruit*)

Et donc, en complément, le styliste n'écrit même pas sans obéissance préalable à la grammaire, sans logique ni règles de sens, syntaxe ni sémantique. S'il écrit vraiment, il y consent de fait.
(*Le Tiers-Instruit*)
On s'expose quand on fait, on s'impose quand on défait. Quand on défait, jamais on ne se trompe, en effet. Je ne connais pas de meilleur moyen pour avoir toujours raison. Je ne crois pas connaître, en revanche, de meilleure définition de l'homme que le vieil adage *errare humanum est*, à qui je fais dire : est humain celui qui se trompe. Il a au moins essayé.
(*Le Tiers-Instruit*)

On croit volontiers que la langue analysépar la grammaire et la philosophie vaut la langue vive inventée par l'écriture. Non. Le grammairien, le professeur, le philosophe n'écrivent pas assez pour savoir. Avez-vous remarqué, dans les classes, les écoles et les amphithéâtres, l'absence d'exercice vrai ? L'examinateur ou juge n'exige jamais poème, nouvelle, roman ni

comédie, jamais de méditation, mais toujours de la critique ou de l'histoire, copie de copies. Pourquoi ? Parce qu'il ne saurait pas rédiger de corrigé. Au contraire, il exige histoire, critique, analyse. Pourquoi ? Parce qu'il peut et sait recopier. Pourquoi ? Pour la facilité. Faire explore, défaire exploite. Ne mentez pas, écrivez. Toute la vérité, mais rien qu'elle.
Attention : elle est mortelle.
(*Le Tiers-Instruit*)

Dans les sciences, les théories changent, non point par le merveilleux pouvoir de leur véracité, mais parce que les tenants des théories adverses prennent leur retraite, meurent donc aux colloques et pour l'administration ; et il se trouve toujours quelque historien pour déterrer les cadavres et condamner derechef tel ou tel inventeur oublié à errer sans repos dans l'enfer de l'erreur et des ombres décevantes.
Histoire : puits des ressentiments.
(*Le Tiers-Instruit*)

Qui attend l'inspiration ne produira jamais que du vent, tous deux aérophagiques. Tout vient toujours du travail, y compris le don gratuit de l'idée qui arrive. S'adonner, ici et maintenant, d'un coup, à n'importe quoi,

sans préparation, aboutit à l'art brut dont
l'intérêt se borne à la psychopathologie ou à
la mode : bulle passagère, pour tréteaux et
bateleurs.
(*Le Tiers-Instruit*)

*Le but de l'instruction est la fin de
l'instruction, c'est-à-dire l'invention.*
L'invention est le seul acte intellectuel vrai,
la seule action d'intelligence. Le reste ?
Copie, tricherie, reproduction, paresse,
convention, bataille, sommeil. Seule éveille
la découverte. L'invention seule prouve
qu'on pense vraiment la chose qu'on pense,
quelle que soit la chose. Je pense donc
j'invente, j'invente donc je pense : seule
preuve qu'un savant travaille ou qu'un
écrivain écrit.
(*Le Tiers-Instruit*)

Les institutions de culture, d'enseignement
ou de recherche, celles qui vivent de
messages, d'images répétées ou d'imprimés
copiés, les grands mammouths de
l'Université, des médias ou de l'édition, les
idéocraties aussi, s'entourent d'une masse
d'artifices solides qui interdisent l'invention
ou la brisent, la redoutent comme le pire
péril. Les inventeurs leur font peur comme

les saints mettaient en danger leurs églises,
dont les cardinaux, parce qu'ils les gênaient,
les chassaient. Plus les institutions évoluent
vers le gigantesque, mieux se forment les
contre-conditions de l'exercice de la pensée.
Voulez-vous créer ? Vous voilà en danger.
L'invention, légère, rit du mammouth,
lourd ; solitaire, elle ignore le gros animal
collectif ; douce, elle évite la haine qui colle
ensemble ce collectif ; j'ai admiré ma vie
durant la haine de l'intelligence qui fait le
contrat social tacite des établissements dits
intellectuels. L'invention, agile, rapide,
secoue le ventre mou de la lente bête ;
l'intention vers la découverte porte sans
doute en elle une subtilité insupportable aux
grosses organisations, qui ne peuvent
persévérer dans leur être qu'aux conditions
de consommer de la redondance et
d'interdire la liberté de pensée.
(*Le Tiers-Instruit*)

Trouver le contemporain, chose difficile.
Découvrir ce que l'on est, invention plus
rare encore.
(*Le Tiers-Instruit*)

Ce qui se paie ennuie vite.
(*Le Tiers-Instruit*)

Nous organisons méticuleusement un monde où seul le savoir canonisé régnera, espace qui risque de ressembler de près à la terre couverte de rats. Unifiée, folle, tragique, la science gagne, va bientôt régner, comme règne et gagne l'hiver. Excellent, le savoir, certes, mais comme le froid : quand il reste frais. Juste et utile, la science, assurément, mais comme la chaleur : si elle demeure douce. Qui nie l'utilité de la flamme et de la glace ? La science est bonne, qui le nie, et même, j'en suis sûr, mille fois meilleure que mille autres choses pourtant bonnes, mais si elle prétende qu'elle est seule et toute bonne, et qu'elle se conduise comme s'il en était ainsi, alors elle entre dans une dynamique de folie. La science deviendra sage quand elle retiendra elle-même de faire tout ce qu'elle peut faire.

Aussi judicieuse que se présente une idée, elle devient atroce si elle règne sans partage. (*Le Tiers-Instruit*)

Ainsi, par hygiène de la vie et de l'esprit, j'ai dû imaginer, pour mon usage privé, quelques règles de morale ou de déontologie Après examen attentif, n'adopter aucune idée qui contiendrait, à l'évidence, quelque

trace de vengeance. La haine, quelquefois, tient lieu de pensée, mais toujours la rapetisse ;
Ne jamais se jeter dans la polémique ;
Éviter toute appartenance : fuir non seulement tout groupe de pression mais aussi toute discipline scientifique définie, campus local et savant dans la bataille globale et sociétaire ou retranchement sectoriel dans le débat scientifique. Ni maître donc, ni surtout disciple.
(*Le Tiers-Instruit*)

Universellement, donc, parce qu'homme n'est rien, il peut : infinie capacité.
Je suis personne et ne vaux rien : capable donc de tout apprendre et de tout inventer, corps, âme, entendement et sagesse. Depuis que Dieu et l'homme sont morts, réduits au pur néant, leur puissance créatrice ressuscite.
Voilà pourquoi j'ai pu et dû écrire ce livre : parce que l'apprentissage, dont voilà le fondement, est l'essence blanche de l'hominité.
(*Le Tiers-Instruit*)

JEAN-JACQUES ROUSSEAU

Les hommes ne sont point faits pour être entassés en fourmilières mais épars sur la terre qu'ils doivent cultiver. Plus ils se rassemblent, plus ils se corrompent. Les villes sont le gouffre de l'espèce humaine

Nous naissons, pour ainsi dire, en deux fois : l'une pour exister, et l'autre pour vivre ; l'une pour l'espèce et l'autre pour le sexe.
(Emile ou de l'éducation)

EPILOGUE

Bien entendu, je conseille la lecture des
œuvres des auteurs indiqués dans cet ouvrage,
tous sont pour moi une source d'inspiration et
de réflexion qui chaque jour me pousse à la
découverte de l'inconnu. Pour moi, il ne fait
aucun doute que l'épanouissement de
l'Homme, voir sa survie, est menacé par notre
civilisation. Comme l'indique justement C. G.
JUNG dans son livre « présent et avenir » les
masses que nous sommes sont plongées dans
une sorte de « somnambulisme infantile » où
nous perdons notre dignité mais également et
je pense cela plus grave, notre santé et nos
conditions de vie sur cette planète.

Comme le suggère JUNG et comme le pense
les grands philosophes, il est important de
faire un retour de soi, d'enclencher le
processus d'individualisation qui est à mes
yeux le seul possible pour rester libre. Le
« connais-toi toi-même » du grand SOCRATE,
est plus que jamais d'actualité

Autre grand homme de notre époque je
voudrais terminer en évoquant à nouveau
Henri LABORIT, donc les œuvres furent pour
moi une découverte incroyable.

Voici quelques extraits de son ouvrage « Eloge de la fuite »

« La recherche du plaisir ne devient le plus souvent qu'un sous-produit de la culture, une observance récompensée du règlement de manœuvre social, toute déviation devenant punissable et source de déplaisir. Ajoutons que les conflits entre les pulsions les plus banales, qui se heurtent aux interdits sociaux, ne pouvant effleurer la conscience sans y provoquer une inhibition comportementale difficilement supportable, ce qu'il est convenu d'appeler le refoulement séquestre dans le domaine de l'inconscient ou du rêve l'imagerie gratifiante ou douloureuse. Mais la caresse sociale, flatteuse pour le toutou bien sage qui s'est élevé dans les cadres, n'est généralement pas suffisante, même avec l'appui des tranquillisants, pour faire disparaître le conflit. Celui-ci continue sa sape en profondeur et se venge en enfonçant dans la chair soumise le fer brûlant des maladies psychosomatiques »

« La sensation fallacieuse de liberté s'explique du fait que ce qui conditionne notre action est généralement du domaine de l'inconscient, et que par contre le discours logique est, lui, du domaine du conscient. C'est ce discours qui nous permet de croire au libre choix. Mais comment un choix pourrait-il être libre alors que nous somme inconscients des motifs de notre choix, et comment pourrions-nous croire à l'existence de l'inconscient puisque celui-ci est par définition inconscient ? (...) Les sociétés libérales ont réussi à convaincre l'individu que la liberté se trouvait dans l'obéissance aux règles des hiérarchies du moment et dans l'institutionnalisation des règles qu'il faut observer pour s'élever pour ces hiérarchies. Les pays socialistes ont réussi à convaincre l'individu que lorsque la propriété privée des moyens de production et d'échanges était supprimée, libéré de l'aliénation de sa force de travail au capital, il devenait libre, alors qu'il reste tout autant emprisonné dans un système hiérarchique de dominance »

« Il y a moins d'un siècle, beaucoup d'hommes dans des pays européens n'étaient guère sortis de leur village. Les sources d'information et les possibilités d'action d'un individu demeuraient limitées à l'espace sensoriel dans lequel il passait sa vie. Il avait ainsi l'impression de pouvoir toujours dominer la situation, ou du moins de pouvoir agir efficacement pour la contrôler. Aujourd'hui, l'information planétaire pénètre à profusion dans le moindre espace clos et l'homme qui s'y trouve enfermé n'a pas la possibilité d'agir en retour efficacement. Il en résulte une angoisse qu'aucun acte gratifiant ou sécurisant ne peut apaiser. Seul l'engagement politique donne l'espoir d'y remédier par l'action de masse qu'il rend possible ».

« Utiliser le profit pour maintenir les échelles hiérarchiques de dominance, c'est permettre, grâce à la publicité, une débauche insensée de produits inutiles, c'est l'incitation à dilapider pour leur production le capital-matériel et énergétique de la planète, sans souci du sort de ceux qui ne possèdent pas l'information technique et les multiples moyens du faire-savoir. C'est aboutir à la création de monstres économiques multinationaux dont la seule règle est leur propre survie économique qui n'est réalisable que par leur dominance planétaire. C'est en définitive faire disparaître tout pouvoir non conforme au désir de puissance purement économique de ces monstres producteurs »

« Être heureux, c'est à la fois être capable de désirer, capable d'éprouver du plaisir à la satisfaction du désir et du bien-être lorsqu'il est satisfait, en attendant le retour du désir pour recommencer. On ne peut être heureux si l'on ne désire rien. Le bonheur est ignoré de celui qui désire sans assouvir son désir, sans connaître le plaisir qu'il y a à l'assouvissement, ni le bien-être ressenti lorsqu'il est assouvi »

Hommage par JOEL DE ROSNAY
Directeur de la Prospective et de l'Evaluation
Cité des Sciences et de l'Insdustrie – Paris

L'œuvre d'Henri Laborit marque l'entrée dans le nouveau paradigme des sciences de la complexité. D'un monde fragmenté par l'analyse cartésienne, il nous mène dans celui des interdépendances et de la dynamique des systèmes. De l'analytique au systémique Laborit nous fait parcourir les chemins de la connaissance et de l'action nécessaires pour agir aujourd'hui sur la complexité. Son œuvre est aussi l'expression d'une nouvelle culture centrée sur la biologie. Les références traditionnelles dans le monde des sciences passaient généralement par la physique. La biologie introduit une culture naturelle des rétroactions et des évolutions. Les savoirs peuvent ainsi s'intégrer en une vision renouvelée de l'homme en relation avec son environnement. Le microscopique et le macroscopique s'interpénètrent. Les disciplines juxtaposées se décloisonnent, se complémentent et s'enrichissent mutuellement. Au travers de ses livres de synthèse ou de ses essais, Laborit donne l'impression de toucher à tout : biochimie, biologie moléculaire, neurobiologie, hormonologie, écologie, économie, philosophie. Ce qui n'a pas été sans heurter l'approche disciplinaire traditionnelle des universitaires auxquels il s'est souvent confronté. Mais dans la continuité de son message on saisit la force de sa vision : l'intégration des niveaux de complexité, l'interdépendance des structures et des fonctions, la dynamique des interactions. Il ouvre la cellule sur son environnement, retrace le cheminement du flux d'énergie qui, du soleil à l'homme, alimente la vie. Il relie ainsi la photosynthèse, les cycles énergétiques, le métabolisme cellulaire et le comportement en une approche cohérente et féconde. Les régulations cybernétiques constituent l'autre versant de l'approche d'Henri Laborit. Avec Grey Walters, Ross Ashby, Pierre de Latil, Albert Ducrocq, Couffignal, Sauvan, il participe à l'émergence de la pensée

cybernétique et à son application à la biologie. Il retrouve les visions de Claude Bernard sur la "constance du milieu intérieur" ou de Walter Cannon sur l'homéostasie. Machine et organisme loin de s'exclure se fécondent mutuellement. Des mécanismes communs éclairent leur fonctionnement et permettent de prévoir des modes de réactions que l'expérience confirmera. Ainsi de nouvelles molécules agissant comme des régulateurs du métabolisme ou du fonctionnement du cerveau sont identifiées puis synthétisées. La méthode Laborit lui permet de produire des molécules d'intérêt thérapeutique en évitant le screening massif caractéristique de la recherche pharmaceutique moderne.
La relation à l'écosystème constitue le troisième volet de sa démarche. La molécule active, la cellule, le tissus, l'organe, le corps, ne sont jamais séparés de leur environnement immédiat, de leur écosystème microscopique ou macroscopique : ils s'intègrent dans un tout, lui même ouvert sur un environnement plus vaste encore. Cette vision amène Laborit à quitter la biologie, au sens "disciplinaire" du terme pour s'intéresser à l'environnement humain et ses corollaires économiques et politiques. Les critiques se font plus vives encore car le chercheur quitte ici son domaine

de compétence pour aborder le secteur des sciences humaines et de la philosophie. Mais son langage ne se veut pas dogmatique, il ne détient pas la vérité : il cherche à éclairer, à relier, à intégrer. Un nouveau pas est franchi : l'application de la cybernétique et de l'approche biologique à une "macrobiologie" constituée par les hommes, leurs machines, leurs organisations et leurs réseaux. Ainsi dans "l'homme et la ville" Laborit intègre et décline sa vision de l'être biologique en relation avec son écosystème urbain. Il montre avant beaucoup d'auteurs les limites du système économique fondé sur la croissance, le gaspillage des ressources naturelles et la création des exclusions. Sa vision prophétique des années 60 a été progressivement confirmée. Les grandes villes sont devenues le point de convergence des principaux problèmes que l'humanité devra aborder au tournant du millénaire. Sa vision systémique a inspiré de nombreux architectes, urbanologues, sociologues concernés par les villes du futur. La référence à la biologie fait maintenant partie du vocabulaire et du mode de pensée des managers. On parle en effet d'entreprise cellulaire, en réseau, ou modulaire ; de flux et de métabolisme, de régulations et de niveaux decomplexité. Henri Laborit nous propose aussi de nouveaux modes de vie en relation avec notre environnement. Inspiré par la vision de McLean sur les "trois cerveaux", les travaux de Hans Selye sur le stress, ou les théories de l'agressivité il part de nos comportements de base pour expliquer certains types d'actions. Fuite, lutte ou inhibition de l'action telles sont les principales réactions d'un être vivant complexe à des formes d'agressions qui perturbent son homéostasie, son équilibre naturel. La fuite ou la lutte peuvent avoir des effets positifs : on change d'environnement ou on élimine la source de l'agression et du stress. En revanche, l'inhibition de l'action peut conduire à des désordres métaboliques, physiologiques et du comportement. Au delà de la vision étroite des perturbations "psychosomatiques" auxquelles on se référait alors, il ouvre la voie de la neuro-psycho-immunologie, une des approches les plus prometteuse du comportement humain en relation avec les mécanismes moléculaires et cellulaires. L'inhibition de l'action peut être le facteur déclenchant de désordres neuro-psycho-immulogiques. La preuve est faite aujourd'hui des interrelations entre macrophages, hormones peptidiques et régulateurs du fonctionnement cérébral. Les trois réseaux qui assurent l'homéostasie du corps (système nerveux, immunitaire et hormonal) convergent et s'interpénètrent. Des molécules ubiquitaires comme l'insuline, la vasopressine, l'oxytocine, ou les cytokines interviennent à plusieurs niveaux de ces réseaux, confirmant l'approche proposée par Laborit dans les années 60. La fuite serait-elle une solution adaptative aux agressions ? Dans "Eloge de la fuite", Henri Laborit nous montre comment chacun d'entre nous peut rééquilibrer sa vie à partir d'activités simples et motivantes. Hobbies, jardins secrets, violons d'Ingres, occupations complémentaires restructurent l'être, le relient à son environnement familial, professionnel, économique, écologique. La fuite n'est pas dans ce cas abandon, démission, mais potentialisation de ses capacités, recentrage de ses objectifs. Un mode de vie est ainsi proposé qui renforce la liberté et l'autonomie dans l'intégration des diversités. Par la fuite, en alternance avec la lutte, l'homme peut ainsi donner du sens à sa vie. Prendre le recul nécessaire pour mieux affronter les obstacles et adopter une vision globale qui renforce et justifie l'action.

Henri Laborit, homme total et libre dans l'univers fragmenté des disciplines, restera en cette fin du 20 siècle comme un pionnier de la pensée complexe et l'inspirateur d'un nouveau sens de la vie.